AF322056

VIE ET MORT

D'UNE

JEUNE ÉTHIOPIÈNNE

DÉCÉDÉE AU BON-PASTEUR

D'ANGERS

LE SAMEDI 14 JUIN 1845.

(Prix : 25 cent., au profit de l'œuvre.)

ANGERS.

Imp. Lib. de Veuve Pignet-Château,

rue Saint-Gilles 5.

VIE ET MORT

D'UNE JEUNE ÉTHIOPIENNE,

DÉCÉDÉE

AU BON-PASTEUR D'ANGERS

LE SAMEDI 14 JUIN 1845.

VIE ET MORT

D'UNE

JEUNE ÉTHIOPIENNE,

DÉCÉDÉE

AU-BON-PASTEUR,

D'ANGERS,

Le Samedi 14 Juin 1845.

BIBLIOTHEQUE ROYALE

L'œuvre des petites Ethiopiennes a rencontré bien des cœurs disposés à l'accueillir avec zèle. Nous croyons leur devoir comme récompense et comme encouragement, les détails que nous possédons sur l'une de ces jeunes et intéressantes captives qui, transportée des plages brûlantes de l'Afrique aux rivages hospitaliers de l'Europe, vient de mourir parmi nous, après y avoir vécu deux

1845

ans et demi environ. Elle était à peine âgée de seize ans. Cette existence, si tôt finie, a laissé de trop précieux souvenirs, et le parfum de ses vertus a trop doucement embaumé la sainte maison qui lui a servi d'asile, pour ne pas nous arrêter quelques instants.

Camille est le nom chrétien de notre jeune Ethiopienne; Zahara, celui qu'elle reçut à sa naissance et qu'elle porta jusqu'à son baptême. Les lignes qui guideront notre plume dans le tableau que nous allons tracer de sa courte vie ont été écrites, lisons-nous, « sur la tombe encore fraî- » chement couverte des fleurs au milieu desquelles » repose cette autre fleur du désert qui vécut pour » le ciel et mourut ignorée de la terre. » C'est à l'obéissance qu'elles sont dues, c'est le sentiment de l'amitié la plus touchante qui les a inspirées, c'est le ciel pur de l'Italie qui les colore, elles passeront donc, à tous ces titres, sous nos yeux, le plus souvent que le permettra la forme de ce rapide récit.

Zahara appartenait, disait-elle quand on la questionnait sur sa première enfance et sur son pays, à une mère qui avait beaucoup d'esclaves. Ces esclaves étaient noires comme elle, et leur occupation était de la servir et de chasser les mou- ches qui, sous les ardeurs du soleil d'Ethiopie, sont, comme on peut facilement le concevoir, d'insupportables ennemies. La mère de Zahara avait une grande et bien belle maison ; elle aima tendrement sa petite fille et lui donna constamment des marques de cette tendresse jusqu'à l'âge de quatre ans qu'elle fut réduite à la pleurer : à cet âge Zahara fut volée...... pauvre mère ! Nous n'ajouterons pas : pauvre enfant ! qui douterait aujourd'hui que son bon ange n'ait favorisé l'audace du perfide ravisseur ! Celui-ci était un de ces hommes avides et méchants qui volent les petites Ethiopiennes pour les vendre quand elles sont belles. La petite Zahara fut donc vendue ; elle échut en partage à un maître noir ; mais cet homme avait une femme que Dieu, pour Zahara, avait faite bien bonne et à qui il avait donné pour elle aussi des entrailles de mère. L'innocente créature en avait besoin : sa santé était délicate ; elle reçut de sa mère adoptive les soins que réclamait sa frêle complexion.

« Dans ce pays d'Afrique, dit la pieuse amie « de Camille, on se marie à peine sortie de l'en- « fance. On voulut donc marier Zahara. Mais cette « jeune enfant refusa, et se roidit contre toutes « les instances qu'on lui put faire : c'est qu'elle « sentait en son cœur l'espérance d'un bonheur « encore inconnu pour elle, et le besoin d'aimer « un Etre supérieur qui le remplît tout entier. » On fit mille instances; mais elles échouèrent « toutes. »

Martyre de la virginité au sein des ténèbres de

l'idolâtrie, la jeune enfant ne fut plus dès lors considérée que comme une esclave : mais, faible et délicate, que pouvait-elle faire ? Son ange lui fit donner l'innocente occupation de chasser les oiseaux, en frappant dans ses mains, quand elle les voyait venir pour manger les fruits des beaux arbres d'Afrique. Encore était-ce trop pour les forces de Zahara, et plusieurs fois on la trouva étendue sans connaissance au pied de l'arbre qu'elle devait protéger.

Il paraît que les instances faites à Zahara pour qu'elle consentît à se marier se renouvelaient toujours, mais son refus étant le même, ses maîtres, devenus cruels à son égard, se résolurent à la vendre, « voulant, disaient-ils, qu'elle fût malheureuse. »

Cependant le moment marqué par Dieu, qui voulait, lui, qu'elle fût heureuse, approchait pour la jeune esclave. « Comme la fleur attend la lu-« mière pour montrer ses couleurs, ainsi Zahara « cachait dans la nuit du paganisme des vertus « d'elle encore inconnues; le parfum en devait « venir jusqu'à nous, » mais il fallait que la pure lumière de l'Evangile pût féconder la tige qui les portait. Il fallait qu'elle fût transplantée, cette tige précieuse, sur un sol exposé à l'action bienfaisante de ses rayons.

Du fond des déserts de l'Afrique on traîna donc à Alexandrie la douce et intéressante captive. Elle y vint enchaînée; à cette chaîne était également liée une autre jeune fille noire, nommée Halima. Celle-ci était vendue par son oncle, homme barbare qui vendit aussi la mère pour n'avoir plus la charge de les nourrir. « Ces deux infortunées jeunes « filles, amenées par la main cruelle du féroce « musulman, étaient en même temps conduites « de la main paternelle du Dieu de tous, à celle « de Marie qui voulait une Camille, une José- « phine. Arrivées sur la place du marché d'Ale- « xandrie, elles y furent comme l'agneau qui at- « tend son sort en silence. Elles se virent avec « joie vendues au même patron. A ce premier « moment de bonheur, Zahara répandit quelques « larmes de douce sympathie avec sa compagne « Halima. Toutes deux se demandaient : Ou al- « lons-nous être menées ? Quelle vie sera la nôtre?

La barque de Pierre les attendait; l'œil de Dieu était sur elles. Marie! oh ! ce fut votre douce étoile qui dirigea le navire, qui les portait, jusqu'à Gênes. Avec combien de bénédictions et d'actions de grâces n'y furent-elles pas reçues ! Là se trouvait un saint prêtre, M. Olivieri; il avait chargé quelqu'un de lui acheter deux jeunes esclaves qu'il voulait avoir la consolation d'envoyer au ciel. Zahara et Halima ne tardèrent donc pas à passer dans ses mains : c'est assez dire qu'elles n'eurent plus d'autre maître que Dieu. La maison de leur bienfaiteur devint leur asile; sa sœur, aussi bonne que lui, fut leur mère, et se chargea de leur donner, en italien, les premières leçons de notre sainte religion.

Bientôt les yeux de nos deux petites Ethiopiennes s'ouvrirent à la clarté du divin soleil des chrétiens. Elles ne demandèrent plus que le baptême; elles commençaient à entrevoir la lumière qu'elles *aspiraient* depuis longtemps sans la connaître.

Dans l'étude des éléments du christianisme Zahara semblait avoir la clarté et la rapidité de l'intuition : avant d'être expliqué, tout était saisi, compris, développé par elle. Halima plus jeune d'un an que sa compagne saisissait, elle, par la foi, ce que désirait son cœur: mais sa mémoire était plus faible et son intelligence moins pénétrante.

Le jour du Baptême fut enfin fixé; on choisit à nos jeunes cathécumènes un parrain et une marraine ; et le saint prêtre, en versant sur leur tête l'eau qui les faisait chrétiennes, put s'abreuver à ce torrent de délices qui inonde le cœur de l'ange au moment où il ouvre aux élus la porte du ciel. Durant cette ineffable cérémonie, Zahara succombait sous le poids de son bonheur. Elle offrait à Dieu ce cœur qui aspira toujours vers lui, sans le pouvoir distinguer encore, et cette intelligence qui chércha constamment la vérité, pour laquelle elle se connaissait faite; son corps devint, dans sa pensée, un holocauste vivant en l'honneur de celui qui l'avait séparée comme son épouse. Le nom de Marie sa mère lui fut donné et tout ensemble le nom de Camille; et tant de grâces reçues à la fois avec la robe de la baptismale innocence furent mises à couvert sous le scapulaire de la reine dn ciel, puissante armure dont elle revêt ses plus chers enfants.

Halima ne pouvait, elle aussi, contenir ses transports de joie : elle fut nommée Marie-Joséphine. Brûlantes de foi et d'amour, elles furent admises à faire leur première communion. A partir de ce jour, au fond du cœur de Camille, se gravèrent ces mots, fidèle abrégé de ses pensées et de ses vœux : *Marie victime du cœur de Jésus*

Ces chers enfans furent toutes les deux placées comme pensionnaires dans une maison de religieuses tout près de leur libérateur qui les visitait souvent. Peu de temps après elles entrèrent au monastère des dames du Bon-Pasteur de Gènes, et M. Olivieri ne tarda pas à les envoyer à Angers en compagnie de plusieurs postulantes du même ordre.

Déjà la vénérable générale de cet ordre pieux avait entrevu, avec les yeux illuminés du cœur, le jour où sa sainte congrégation serait appelée à recueillir, au sein de ce bercail béni de Dieu, les jeunes Ethiopiennes arrachées à l'esclavage. Le jour de la réception de ces prémices bienheuréuses fut pour la communauté tout entière un jour de joie.

« Dieu qui voit les cœurs, permit que mal-
« gré mon indignité et mon ignorance je fusse
« chargée de ces deux colombes pour lenr ap-
« prendre à lire, et les instruire en italien, seule
« langue qu'elles parlassent alors. Ce fut à cette
« douce tâche que je dus de les si bien connaître,
« et de pouvoir admircr une pureté et une inno-
« cence poussée jusqu'à l'héroïsme.

« Toujours elles s'aimèrent entre elles comme
« deux sœurs, se laissant placer et déplacer sans
« jamais se plaindre. Camille, *si noble dans son*
« *silence*, donnait en tout à sa compagne un
« exemple qu'elle l'invitait tacitement à suivre.
« Joséphine était aussi bonne et anssi vraie ; mais
« cette science infuse qui apprenait tout à Ca-
« mille sans qu'elle eût besoin de l'étudier, ne se
« faisait pas remarqûer également chez elle.

« Non, ma mère, je ne suis pas digne de dé-
« peindre une innocente créature qui toujours
« fut pour moi un modèle dont j'étais confondue.

« Un ange qui m'éclairait.

« Une vive image enfin de la sublimité de no-
» tre âme qui *brillantait* sur son front si pur.

« Le regard qu'elle jeta constamment depuis
« son baptème vers le Dieu, que demandait son
« cœur avant de le connaître, n'exprima plus
« que Foi, Espérance, Amour ; et les larmes qu'il

« faisait couler de ses yeux en étaient brûlan-
« tes !

» Son âme pure se peignait sur ses traits si doux
» et la souffrance seule en put altérer l'angélique
» empreinte.

» Son sourire disait sa pensée innocente.

» La paix ne quitta jamais un cœur continuel-
» lement résigné à toute épreuve.

» Ferme dans l'adversité, aussi bien que sen-
» sible et tendre dans sa reconnaissance, elle re-
» portait tout à Dieu, et appelait, par sa foi vive,
» mille bénédictions sur ceux qui lui faisaient du
» bien.

» Son esprit vif et pénétrant était uni à un ju-
» gement aussi grand que bon.
» Ses réflexions étonnaient les sages ; elles ins-
» truisaient les petits.
» Sa douceur était telle qu'à l'exemple de notre
» seigneur Jésus-Christ, dont elle ne pouvait
» se lasser de méditer la passion, elle souffrit
» toujours et mourut sans se plaindre. »

A ce premier souvenir qui lui rappelle la mort
de Camille, son amie, devançant le récit qu'elle
en va faire plus loin, jette en passant cette image
qu'envierait plus d'un poète :

« Telle une tige transplantée sur un sol étran-
» ger, n'y trouvant plus sa vie, se penche et meurt.

» Il y a peu de statues de Marie qui ne portent
» ici l'hommage de son cœur. De ses mains mou-
» rantes elle formait des colliers à sa tendre mère.

» Laborieuse et infatigable, elle demandait de
» l'ouvrage jusque sur son lit de mort, et cet ou-
» vrage sorti de ses mains était d'un parfait tra-
» vail, au dire de la maîtresse chargée de l'appré-
« cier.

» Notre climat, si différent de celui qui la vit
» naître, ne put à cette fleur convenir. Toujours
» parmi nous elle fut malade. »

Cette continuité de souffrances chez la jeune
et si intéressante Camille nécessitait des soins as-
sidus. Ils lui furent prodigués avec une bonté rare
par le digne médecin qui avait reçu la douce et à
la fois pénible tâche de prolonger ses jours lan-
guissans. Camille ne savait comment lui en té-
moigner sa vive reconnaissance : de ses doigts
elle forma quelques petits ouvrages, et avec cette
noble et naïve simplicité qui la caractérisait, elle
voulut les lui offrir en échange de sa sollicitude
pour elle. Le retour momentané de ses forces
lui ayant permis d'être transportée dans la maison de celui qui la visitait si fidèlement, elle put
y déposer elle-même ces précieux souvenirs. Cette
respectable famille se fera toujours gloire d'avoir
possédé quelques instants au milieu d'elle ce pe-
tit ange, « semblable à cette douce Ourika que
» chanta si bien Mme la duchesse de Duras: Ourika

» qui, comme la fleur, vécut et mourut dans
» l'espace d'un matin, aprés avoir charmé la noble
» famille des princes de Beauveau par sa candeur,
» sa reconnaissance et sa patience angélique dans
» des souffrances pareilles à celles de Camille. »

Camille avait reçu le sacrement de confirmation
de la main de monseigneur l'Evêque de Nantes,
qui avait pu lui adresser une fort touchante ins-
truction dans cette langue italienne, la première
qui l'ait initiée aux mystères de notre sainte religion. Le bonheur qu'elle éprouva dans cette
circonstance fut tellement accablant pour elle que
tout le jour elle fut couverte de douces larmes.
« Comment reconnaître, disait-elle, tout ce que
» mon Dieu fait pour moi depuis le beau jour de
« mon baptême; non, *mon cœur ne me suffit pas.* »

Camille communiait fréquemment, et ce cœur
trop étroit pour les grâces qui l'envahissaient,
s'agrandissait sous l'action puissante du feu qui
dilate et consume l'âme dans la participation du
sacrement auguste de nos autels.

« Je la considérais, ajoute son heureuse com-
» pagne, devant moi comme un astre dont j'en-
» viais la céleste beauté.

« Le jour où sa lumière devait s'éteindre, elle
« voulut que j'écrivisse sa confession, craignant
« de ne la pouvoir, à ce moment, bien exprimer
« elle-même. O ma mère, ma bonne mère! qui
« suis-je? Jamais, oh! non, jamais je n'oublie-

« rai les larmes qui inondaient ses joues, son
« cœur si pur et si contrit, ses aspirations vers
« Dieu, son obéissance, son désir du ciel, la
« paix, le calme parfait où je la vois encore......
« Je le répète, c'était un ange qui me confondait.

« Il était midi alors. Elle se confessa vers qua-
« tre heures et demie, et sans efforts, elle rendit
« sa belle âme à celui qui pouvait seul couron-
« ner tant de vertus. »

Le jour de la mort de Camille était un samedi, jour consacré à Marie dont Camille avait toujours été la fille bien-aimée. Elle lui appartenait
à toute sorte de titres. Revêtue, dès son baptême, du scapulaire, ainsi que nous l'avons déjà
dit, elle était de plus entrée dans l'archiconfrérie
célèbre, érigée en l'honneur de ce cœur charita-
ble, qui sauve les pécheurs, et rachète de l'esclavage les petites Ethiopiennes.

Fidèles à la loi que nous nous sommes pres-
crite, nous ne voulons pas priver nos lecteurs des
dernières lignes qui sont sous nos yeux : nous
les transcrivons sans commentaire et nous les li-
vrons à la foi simple des cœurs pieux, que ces
quelques traits recueillis au hasard dans la vie de
Camille, auraient pu émouvoir.

« Le lendemain, dimanche, une personne de
« grande vertu qui avait promis à Camille d'en-
« tendre la grand-messe à son intention, l'aper-

» çut, après l'élévation, dans un état radieux pla-
« nant, dans l'air et l'expression dn bonheur et de
« la joie peinte sur tous ses traits. Elle montrait
« la communauté toute entière à quelqu'un qu'on
« ne voyait pas, mais à qui elle semblait deman-
« der que la dernière porte du ciel lui fût ou-
« verte.

« Le même jour, on recommanda à notre Ca-
« mille une affaire importante qui depuis long-
« temps était une source de croix abondantes
« pour la maison. A l'instant même elle fut ar-
« rangée et vous consolée, ô ma mère.

« Les couronnes, les roses de son dernier
« printemps ont paré sa tête et recouvert son
« corps. Elle n'est plus au milieu de nous, mais
» son souvenir, comme l'ombre, me suivra par-
« tout et me sanctifiera, j'espère..... Comment,
« pécheresse que je suis, pourrais-je oublier tant
« de vertus ! Elle m'en parera elle-même, cette
« ange si chérie; car, là haut, elle sait combien
« je l'ai aimée: aussi bien, déjà ici-bas, elle de-
« vinait mon cœur et ma souffrance. »

Angers, Imp. de veuve Pignet-Chteau.

www.ingramcontent.com/pod-product-compliance
Lightning Source LLC
LaVergne TN
LVHW050224060726
842525LV00007B/2515